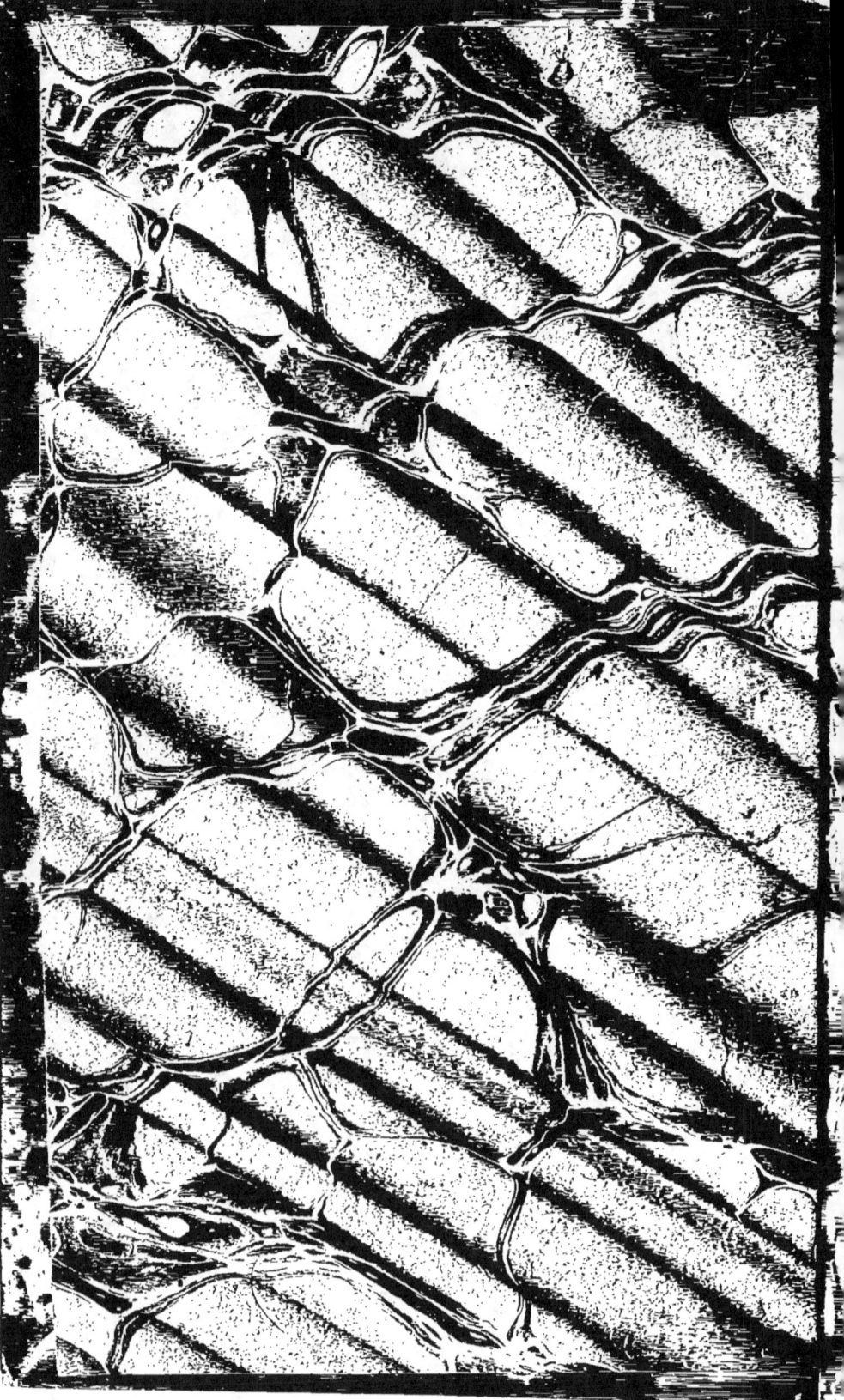

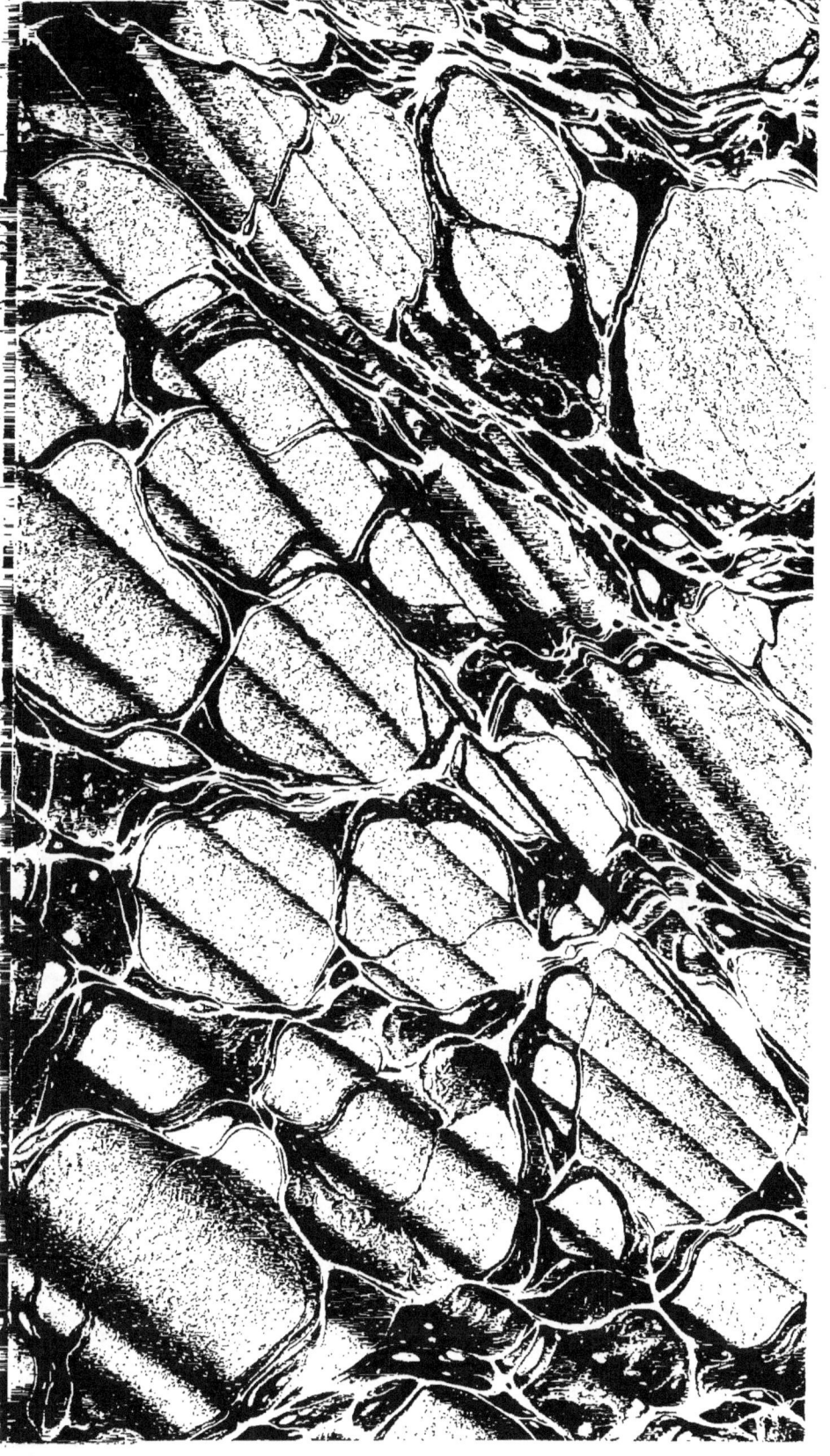

X 3874
V (C.)

V 92598

NOTICE

SUR LES CONSERVES ALIMENTAIRES.

NOTICE
sur les
CONSERVES ALIMENTAIRES

ET SUR LEUR APPLICATION POSSIBLE

A LA NUTRITION

de la Marine, l'Armée, les Classes ouvrières,
les Hôpitaux et les Prisons.

PAR JULES BONHOMME-COLIN,
Fabricant à Nantes,

FOURNISSEUR PARTICULIER

DE S. A. R. M.gr **LE PRINCE DE JOINVILLE**
Et des principales Cours d'Europe.

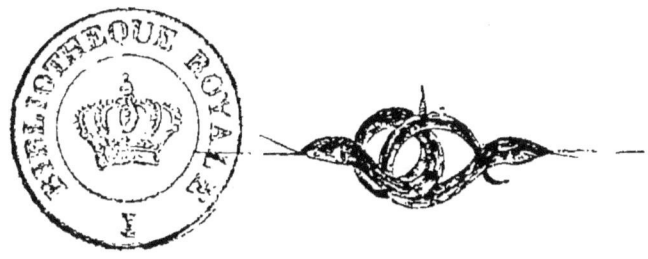

Nantes,
IMPRIMERIE MERSON, RUE NOTRE-DAME, 3.

—

1843.

Dieu, en créant tous les êtres vivants, mit leur pâture à la portée de leurs besoins.

Vivre et se reproduire fut la tâche imposée aux animaux.

L'homme avait comme eux sa pâture sous la main; mais il était appelé à une plus haute mission, et le Créateur le doua de l'intelligence à l'aide de laquelle les sociétés ont été créées.

La société, par ses lois et son organisation, est donc créatrice à l'image de Dieu, et, comme lui, elle doit la nourriture aux masses qu'elle a agglomérées.

L'homme qui fournit tout son travail à la société, dans la proportion de ses forces et de son intelligence, a le droit de demander que la société subvienne à son existence.

C'est donc œuvre pieuse et utile, que de travailler à améliorer le sort des classes pauvres, en abaissant le prix de leurs aliments au niveau de leur salaire.

CHAPITRE I.

Des Conserves Alimentaires chez les Anciens.

Les anciens ont-ils connu l'usage de ces Conserves alimentaires qui de nos jours permettent de transporter les produits de tous les climats dans l'Univers entier ? L'histoire est muette sur ce point, et les auteurs ne nous ont rien laissé qui puisse nous éclairer à ce sujet ; les poëtes seuls ont parlé de la cuisine ancienne, mais seulement pour célébrer ou blâmer le luxe des amphytrions, et nullement pour parler de l'art.

En l'absence de tout document historique, on pourrait hésiter à se prononcer, si des faits incontestés ne venaient guider l'explorateur dans ses recherches, et le conduire à affirmer positivement que les anciens ont connu le moyen de fabriquer des Conserves alimentaires, mais que leur mode de fabrication était tout autre que celui employé de nos jours, par la raison fort simple que leur cuisine différait essentiellement de la nôtre.

En effet, si le premier besoin de l'homme dans l'état naturel, est de se procurer des aliments, sa première idée, si les provisions obtenues par son travail dépassent ses besoins actuels, doit être de les conserver : aussi partout, chez les peuples en dehors de toute civilisation, voit-on que la conservation des aliments est un des premiers soins de chaque individu; et partout on voit le mode de conservation varier suivant le climat.

Ainsi, dans les climats chauds, le premier mode de conservation adopté, a dû être la dessication des substances alimentaires susceptibles de se putréfier promptement, comme les viandes et les poissons; et cette pratique est encore suivie partout où les rayons solaires se reflètent avec assez d'énergie pour permettre d'en faire usage.

Tel fut sans aucun doute le premier mode de conservation employé pour les viandes et les poissons dans les moments d'abondance; et quelques progrès que l'art ait pu faire depuis, il faut convenir que les aliments conservés par ce moyen si simple, ont une saveur et une qualité nutritive au moins égale à celle de nos meilleurs produits modernes, et qu'on pourrait encore de nos jours employer ce procédé avec succès, s'il ne fallait pas, pour réussir, procéder préalablement au dépècement de la substance à conserver.

Dans les climats froids au contraire, là ou le besoin de conserver les aliments s'est toujours fait ressentir avec le plus d'intensité, les naturels, pour combattre la disette, se servaient du seul mode de conservation qui fût à leur portée : ils gelaient les aliments pour les conserver; et ce genre d'opérer, qui suspend complétement la putréfication tant que la cause de cette suspension (le froid) existe, est encore en usage de nos jours dans les contrées septentrionales de l'Europe.

La nature seule avait enseigné ce qu'il fallait faire dans l'un et l'autre cas, car les Orientaux, en voyant les cadavres se conserver sans putréfaction dans leurs sables, durent penser de suite à la conservation de leurs aliments par la voie de la dessication ; et les Septentrionaux, témoins d'un phénomène semblable de conservation par l'action de la glace ou de la neige, durent en profiter immédiatement pour conserver aussi longtemps que possible les aliments qu'ils ne pouvaient se procurer qu'à des intervalles plus ou moins rares, à force de peines, de soins et de dangers.

Donc la conservation des substances alimentaires a existé de toute antiquité, et les produits ainsi préparés, étaient bien véritablement des Conserves alimentaires.

Mais de ces deux modes de conservation, celui mis en usage par les Orientaux dut bien vite cesser d'être efficace comme moyen de subsistance, en face de l'agglomération des masses populaires dans les villes qu'elles construisaient. — En effet, l'habitant des villes ne chassait plus, ne pêchait plus ; il était à la discrétion de l'homme des champs qui dominait en maître absolu et qui pouvait à son gré faire vivre une ville dans l'abondance, ou la réduire par la famine (et qu'on ne dise pas que ceci soit une hyperbole, car, de nos jours, et par suite de dissensions politiques, nous avons vu les campagnes affamer les villes). Or, si dans une ère de civilisation semblable à la nôtre, les populations rurales ont eu une telle puissance, combien plus cette puissance devait-elle être terrible aux premiers âges de la civilisation et au moment où les masses s'agglomérèrent dans quelques villes et bourgades.

Aussi à cette période de civilisation, l'art de conserver les substances alimentaires a dû être d'une inutilité absolue ; car d'un côté les populations rurales devaient avoir plus que leurs besoins de substances alimentaires, par suite de la retraite d'une partie des leurs dans les villes ; d'un autre côté, les habitants des villes, pour ne pas rester entièrement à la discrétion de ceux des campagnes, avaient probablement formé des parcs d'animaux pour leur subsistance, et de là a dû naître la race de nos animaux domestiques.

Dans cet état de choses, les habitants des villes, placés en dehors de toutes les conditions nécessaires à la culture, durent se livrer à la fabrication ; et les habitants des campagnes, trouvant à leur portée les objets dont ils faisaient habituellement usage, durent venir acheter. Or, comme les valeurs conventionnelles n'étaient pas connues, le commerce ne put être qu'un commerce d'échange tel que celui qui subsiste encore de nos jours dans les contrées où notre civilisation ne s'est pas assise : le vendeur de la ville livrait ses produits fabriqués, et l'acheteur rural payait en ses produits agricoles. Mais comme, par suite des lois éternelles de la nature, les populations agricoles qui rayonnent autour d'un centre d'agglomération, lui sont toujours de beaucoup supérieures en nombre, il résulta naturellement de ce commerce d'échange, que les populations rurales apportaient au marché plus que les populations urbaines ne pouvaient consommer ; et ainsi naquit le commerce extérieur.

Il faut bien se pénétrer de cette idée unique, que le commerce d'alors était seulement un échange des produits de la terre et de l'eau, contre les produits de la fabrication des villes ; que l'équilibre était rompu, ou, en d'autres termes, que la production dépassait la consommation, et qu'il fallait écouler le trop plein.

Alors, les Orientaux durent commencer cette ère de civilisation commerciale destinée à conquérir l'univers ; riches de leurs produits agricoles, ils en cherchèrent et ils en trouvèrent l'écoulement chez les peuples éloignés et dans des climats moins favorisés ou moins avancés en civilisation.

Toutefois, leurs denrées d'échange consistant en grande partie en produits de la chasse et de la pêche, produits si éminemment putrescibles, il fallut songer aux moyens de les conserver avant de les transporter.

La dessication, ce mode de conservation si facile dans une habitation rurale sous un pareil ciel, n'était plus possible dans la cité, où les miasmes accumulés auraient produit une infection générale ; il y avait une nécessité absolue d'employer un autre mode de conservation, et c'est alors que dut naître le mode de conservation des substances alimentaires par les condiments.

Ce mode de conservation devait d'autant plus facilement être mis en usage en Orient, que d'un côté la nature en fournissait les agents sous la main, et que, d'un autre côté, l'usage religieux d'embaumer les cadavres était devenu un usage général : or, nul doute qu'en voyant les cadavres se conserver frais et à l'état naturel pendant de longues années (car il ne faut pas confondre les momies qui nous sont remises, avec un corps embaumé de quelques années), nul doute, disons-nous, que l'idée bien simple d'appliquer ce procédé à la conservation des substances alimentaires destinées à l'exportation, n'ait été mise en pratique.

De là deux modes de Conserves alimentaires ; l'un par la voie des condiments aromatiques, l'autre par la voie des substances salines ; car il faut bien le remarquer, il en était ainsi pour les embaumements : les riches étaient embaumés avec des condiments aromatiques et des substances salines simultanément; et les pauvres, qui ne pouvaient supporter des dépenses aussi considérables, avec des substances salines seulement ; ce qu'il est facile de concevoir, alors qu'il est établi depuis des siècles, que cette terre d'Orient *sue* les aromates, le natron, le nitre et le borax.

Le premier mode de conservation toutefois, celui de conserver par les condiments aromatiques, dut être plus particulièrement employé par les Orientaux pour les produits alimentaires, et le deuxième par les Septentrionaux qui ne trouvaient sous la main que le sel marin comme unique condiment ; de là l'origine des salaisons, deuxième espèce de Conserves alimentaires.

C'est même au fait de l'usage habituel des Conserves alimentaires aromatiques, qu'on doit rapporter l'usage dans la cuisine ancienne de substances aromatiques, aujourd'hui proscrites de la cuisine moderne, telles que le cumin, le fenouil. la menthe.

les fortes épices orientales, et enfin, par une dégradation du goût qui ne pouvait être provoquée que par l'abus continuel des aromates en cuisine, de l'assa-fétida que de fanatiques gourmands qualifiaient d'aliment divin.

L'art de conserver les aliments ayant ainsi provoqué une plus grande extension de consommation, en mettant à la portée des riches une foule de substances alimentaires qui, comme il est d'usage, flattaient d'autant plus leurs palais blasés, qu'elles étaient plus rares; cet art, disons-nous, dut progresser en proportion du luxe qui l'alimentait, et il arriva sans doute à son apogée, alors que les Romains mettaient à contribution tout l'univers connu pour alimenter leurs tables.

La profession de cuisinier exercée par des esclaves était peu estimée des anciens; car si nombre d'auteurs ont célébré les splendides festins des Lucullus, des Apicius, et autres gastronomes de gigantesque mémoire, nul écrivain n'a tenté de nous initier aux mystères de la cuisine antique. Toutefois, en l'absence des documents dont nous sommes privés, il est peut-être possible de préciser à peu près à quel degré de perfection l'art de conserver les substances alimentaires des climats lointains pouvait être arrivé chez les Grecs d'abord, et chez les Romains ensuite.

Deux modes de conservation, comme nous l'avons dit plus haut, ont sans nul doute été connus de toute antiquité; l'un par des condiments aromatiques, l'autre par les salaisons : mais ces deux modes ne pouvaient fournir des produits égaux à ceux qu'on pouvait se procurer sur les lieux de production, et la différence en saveur et qualité dut en être appréciée, alors que les Grecs d'abord et les Romains ensuite se ruèrent sur l'Asie, cette terre natale de la gastronomie.

De l'appréciation faite par les conquérants, de l'excellence des produits culinaires de l'Orient, au désir de perpétuer leurs jouissances en transportant partout avec eux ou en faisant arriver chez eux ces mêmes produits dans un état aussi rapproché que possible de leur état naturel, il n'y avait qu'un pas, et ce pas dut être rapidement franchi, si l'on considère la puissance des moyens dont pouvaient disposer les novateurs gastronomes.

En effet, quel que soit le genre de la cuisine qu'on exploite, quelle que soit la contrée où l'on opère, il est impossible d'être cuisinier chef dans une maison collossale, comme l'étaient alors celles de ces conquérants du monde, sans se livrer aux observations naturelles aux moindres praticiens qui exercent un art quelconque.

Si l'on ajoute que les arts n'étaient alors pratiqués que par des esclaves qu'un signe ou une indigestion du maître pouvait envoyer à la mort, il est facile de concevoir que les maîtres n'ont eu qu'à ordonner, pour retrouver dans leurs foyers les mets des climats lointains qui avaient flatté leur palais blasé, et qu'une prime d'encouragement n'était pas nécessaire pour stimuler le zèle des artistes culinaires.

Cet état de choses donna nécessairement naissance à la troisième espèce de Conserves alimentaires, celle des produits préparés au naturel, à des distances éloignées, et conservés dans des milieux destinés à les mettre à l'abri du contact de l'air, cet agent universel de toute dissolution putride.

Les substances alimentaires soumises à une coction proportionnée à leurs tissus, furent alors enveloppées de corps imperméables à l'air, comme leur graisse ou l'huile, et même le miel; puis soigneusement emboîtées, elles devinrent susceptibles de transport à leur état naturel à de longues distances ; et, à leur arrivée, des cuisiniers les débarrassant de leur enveloppe conservatrice, pouvaient bien facilement les servir à leurs seigneurs dans un état presque naturel ; ceci etait fort praticable quand le maître pouvait ne reculer devant aucune dépense, et dévorer dans un dîner le revenu annuel d'une province Romaine.

Toutefois, ce mode de conservation ne put guère être appliqué qu'aux produits culinaires fournis par le sol, et il dut précéder le mode de conservation employé pour les poissons dont cependant les anciens faisaient une immense consommation, si l'on en croit les relations qui nous sont parvenues.

Or, comme dans ces fastueux repas il était du meilleur goût d'accumuler dans des proportions gigantesques, les produits des mers et des rivières les plus éloignées, il est incontestable que ces produits ne pouvaient arriver qu'à l'état de conserve; et bien que nous manquions de documents sur ce point, il est probable que le premier moyen employé fut la salaison, puis le vinaigre avec addition de sels et d'aromates, enfin l'huile dont les anciens faisaient un grand emploi; peut-être à l'apogée de l'art, a-t-on combiné ce mode de conservation par l'huile, avec une coction préalable dans ce condiment, et ce fait est d'autant plus probable, que la friture à l'huile était presque exclusivement en usage chez les anciens.

Là, suivant toutes les probabilités, se sont bornés les divers modes de conservation de substances alimentaires pratiquées par les anciens, et l'art de la conservation se divise ainsi en quatre ères distinctes, savoir :

1.° La conservation des aliments par la dessication ;

2.° Par les condiments aromatiques (ce qui constitue le mode oriental);

3.° Par les condiments salins (ce qui constitue plus spécialement le mode septentrional);

4.° Et enfin la conservation perfectionnée des aliments soit crus, soit cuits, par leur submersion dans des corps imperméables à l'air.

Quant à la conservation des substances alimentaires végétales, il paraît évident, après les documents qui sont parvenus jusqu'à nos jours, qu'elle se bornait, pour les substances sèches, à l'enfouissement dans des lieux à l'abri de l'air et de l'humidité (témoins les silos connus depuis la plus haute antiquité) : pour les fruits sucrés, à la dessication au soleil; pour quelques fruits osseux comme les olives, à leur immersion dans une saumure; et pour tous les autres produits alimentaires tirés du règne végétal, à une conservation temporaire résultant du plus ou du moins de bons soins donnés chaque jour à ces substances.

Le chapitre suivant nous fera voir que les anciens ne pouvaient aller plus loin; parce que si chez eux les arts d'imitation ont été portés à un degré de perfection que nous n'avons pas surpassé, les arts procédant d'une science éclairée ne leur ont pas été connus, ainsi que le prouve leur ignorance de la poudre quand ils avaient sous la main le nitre et le soufre, leur ignorance de la distillation, quand cependant ils savaient recueillir la vapeur d'eau bouillante dans des éponges; et tant d'autres moyens, etc.

CHAPITRE II.

Des Conserves Alimentaires en France, depuis les travaux de M. Appert jusqu'à nos jours.

Comme nous venons de le voir et de le démontrer au Chapitre premier, l'art de conserver les substances alimentaires chez les anciens, se réduisait, suivant toutes les probabilités, à quatre opérations distinctes :

1.° La conservation par la dessication ;

2.° La conservation par les condiments aromatiques (ou épices) ;

3.° Par les condiments salins ;

4.° Et enfin par la submersion des substances alimentaires dans des milieux imperméables à l'air, tels que les graisses, les huiles, le miel, les saumures, ou les acides végétaux, comme le vinaigre aiguisé lui-même par le sel marin et les épices.

Depuis cette époque jusqu'à nos jours, l'art de conserver les substances alimentaires, n'a sans doute pas été perdu : mais cet art conservateur paraît avoir été exclusivement appliqué à la conservation des aliments au moyen des salaisons; en un mot, les peuples du Nord avaient débordé et conquis les peuples du Midi, et leur avaient imposé leurs goûts et leurs habitudes; aussi les salaisons, ou autrement les Conserves alimentaires septentrionales, durent-elles être d'abord l'aliment exclusif des peuples; mais, il en fut bientôt des Barbares du Nord, comme il en avait été des conquérants romains et grecs en matière des délices de la table, et ils subirent aussi la loi gastronome qu'avaient précédemment subie les maîtres du monde.

Toutefois, pendant cette époque de conquête, d'incorporation de peuples nouveaux à des peuples usés, pendant, en un mot, ce temps d'arrêt de la civilisation qui donna naissance au gouvernement féodal, lequel a subsisté intact depuis la conquête de la Gaule par les Francs jusqu'à la révolution de 1789, il ne paraît pas que l'art de conserver les substances alimentaires, par d'autres procédés que ceux usités chez les anciens, ait fait de nouveaux progrès.

Loin de là, cet art, comme toutes les sciences alors connues, semble avoir reculé jusqu'à la limite des procédés pratiqués chez les nations septentrionales.

En effet, si nous nous reportons à l'histoire de la vie domestique de nos ancêtres, nous voyons que leur alimentation ne différait en rien de celle que nous avons démontrée être à l'usage des peuples primitifs; et que chez nous comme chez ces mêmes peuples, l'alimentation des masses n'eut d'abord lieu qu'à l'aide des provisions fraîches, abstraction faite des provisions salées, dont les hommes du Nord avaient importé l'usage, par cela même que ce mode d'alimentation leur était habituel, et que probablement dans l'origine il leur paraissait préférable à celui des épices, lequel caractérisait spécialement la cuisine orientale.

Mais comme toutes les causes produisent constamment les mêmes effets, il en fut des hommes du Nord comme il en avait été des barbares romains mis en rapport avec la civilisation des Grecs; c'est-à-dire que toutes les mollesses et tous les raffinements de la vie orientale s'imposèrent aux conquérants, par leur simple contact avec les peuples conquis.

La population gallo-romaine ayant sur le peuple conquérant la prééminence de l'intelligence en matière d'arts de luxe, dut nécessairement imposer ses goûts à ceux qui n'avaient pour eux que la force physique; aussi il est probable, certain, ou pour mieux dire avéré, que les habitudes de la vie domestique des anciens conquérants de la Gaule devinrent en peu d'années les habitudes des hommes du Nord; et dèslors, on doit en conclure que le mode de conservation des substances alimentaires, au bout de quelques années, fut le même chez les Francs qu'il avait été chez les Gallo-Romains dont ils avaient adopté les lois et la civilisation.

Néanmoins, pas plus à cette époque qu'à celle que nous avons précédemment rappelée, nous ne trouvons aucunes inductions, aucunes chroniques, aucuns matériaux qui puissent nous éclairer pendant quatorze siècles sur l'état de cette science de la conservation des substances alimentaires; et, à part quelques notions confuses instinctivement répandues dans les ménages agricoles, personne ne se doutait au XIX.e siècle, qu'il

existât des moyens assurés pour conserver *indéfiniment toutes les substances alimentaires connues sous toutes les latitudes*, aussi fraîches et aussi délicates qu'au moment où ces substances prises au marché public, à leur état naturel et préparées par les soins de la ménagère, ou du cuisinier d'une grande maison, pouvaient être servies, avec le même succès, sur la table des riches et sur celle des pauvres.

La science était donc restée stationnaire, et peut-être en eût-il été ainsi longtemps, si M. Appert, confiseur à Paris, *observateur judicieux de tous les procédés de ménage qui parvenaient à sa connaissance*, n'eût enfin appliqué à la science des Conserves alimentaires, les connaissances scientifiques et les moyens pratiques que sa longue expérience lui avait fait connaître comme utiles et praticables.

Les premières expériences de M. Appert eurent pour objet la conservation des aliments végétaux que les personnes riches aiment à voir apparaître sur leurs tables, précisément aux époques où la nature leur refuse cette jouissance ; et ses essais furent couronnés d'un tel succès, que tous les légumes à l'usage des artistes culinaires purent être ainsi conservés dans un état de fraîcheur miraculeuse.

Plus tard, M. Appert, continuant l'application de l'admirable procédé qu'il avait conquis *sur la routine des ménagères de campagne*, appliqua à la conservation des fruits le même mode de conservation ; et enfin toujours plus encouragé par les succès qu'il obtenait, il osa *tenter* la fabrication en grand de toutes les Conserves alimentaires, soit végétales, soit animales.

Les prévisions de M. Appert ne se réalisèrent pas, sous le rapport des bénéfices qu'il pouvait espérer ; et si un secours de l'empereur Napoléon ne lui fût venu en aide, il aurait, comme tant d'autres inventeurs, connu de longs jours de détresse, après avoir légué à son siècle un mode d'alimentation qui, s'il était bien compris par toutes les classes intéressées, résoudrait peut-être enfin ce grand problème de la révision des tarifs d'ouvriers, question jusqu'à ce jour restée insoluble, soit pour les industriels producteurs, soit pour les ouvriers.

Les essais de M. Appert n'étaient donc que des jalons indiquant les travaux à effectuer, et ces essais menaçaient de rester infructueux en vue de la ruine de leur auteur, lorsque M. Joseph Colin, fabricant à Nantes, entreprit de redonner la vie à cette industrie nouvelle sur le point de périr à sa naissance.

Dire quels furent les procédés employés par M. Colin, dire s'il a adopté en entier la méthode de M. Appert, ou si, après l'avoir modifiée, il a trouvé *un moyen particulier* d'en faire une application simple, facile et économique, ne peut être permis qu'à M. Colin lui-même, ou à son successeur, si l'un ou l'autre le jugeait convenable.

Toujours est-il que la fabrication des Conserves alimentaires, reprise ainsi en sous-œuvre par M. Colin, prit en peu d'années un accroissement tel, que toutes les incrédulités durent fléchir devant l'évidence, alors que tous les comestibles connus pouvaient, à l'aide de ces procédés, se transporter dans toutes les parties de l'Univers connu, et se conserver pendant des laps de temps illimités.

L'essor donné par M. Joseph Colin à la fabrication des Conserves alimentaires, ne tarda pas à porter ses fruits ; la marine et l'armée particulièrement, appréciérent bien vite les avantages de ce nouveau mode de conservation ; et, dans peu d'années, l'industrie de M. Colin trouva de nombreux imitateurs, qui tous, par des procédés plus ou moins en rapport avec les siens, arrivèrent à pouvoir livrer à la consommation dans un parfait état de fraîcheur, une masse de substances alimentaires que jamais on n'aurait antérieurement pu conserver même seulement pendant quelques jours ; car, toutes les substances alimentaires connues, les viandes, les poissons, les fruits, les légumes, et enfin les laitages et bouillons de viandes, purent être livrées à l'état de Conserves alimentaires, et être consommées dans un état de conservation aussi parfait que si le cuisinier venait de les apprêter.

La fabrication des Conserves alimentaires ayant ainsi continuellement progressé depuis environ trente années, grâce aux soins industriels de M. Colin, ce digne continuateur de M. Appert, il en est résulté que ce moyen d'alimentation, uniquement réservé dans l'origine aux heureux du siècle, est arrivé maintenant à la portée de presque toutes les classes de la société, et qu'avec quelques efforts et quelques encouragements d'un gouvernement éclairé, il sera probablement possible de l'étendre à toutes les classes sociales dans la proportion de leurs moyens pécuniaires, et de résoudre ainsi le grand problème de l'équilibre à établir entre le prix réel du travail et le salaire, lequel, pour la tranquillité des nations, devrait toujours représenter au moins le prix de la subsistance des ouvriers et de leurs familles.

Si cette possibilité existe (et nous sommes fondés à croire qu'elle existe réellement), à MM. Appert et Colin seuls, l'honneur de revendiquer la gloire d'une découverte destinée à opérer peut-être cette fusion si vainement cherchée depuis longtemps par les économistes, entre les intérêts des maîtres et ceux des ouvriers.

Le chapitre suivant fera connaître la nomenclature des Conserves alimentaires, leur classement dans l'ordre de leur utilité sociale, et leur application possible avec économie à l'usage des individualités qui jusqu'à présent ne connaissent ces produits que de nom.

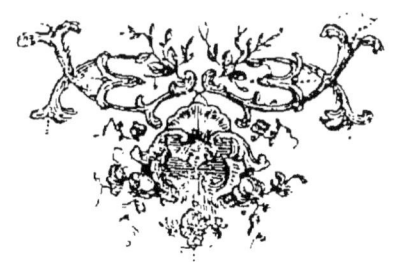

CHAPITRE III.

Nomenclature et division des Conserves Alimentaires.

Enumérer la totalité des substances alimentaires dont la conservation est indéfinie, d'après les procédés de MM. Appert et Joseph Colin, serait une chose impossible : il vaut mieux dire, tout d'abord, que tout ce qui est aliment est devenu susceptible d'une conservation illimitée, et qu'il n'y a que trois divisions possibles à établir :

La première, contenant l'énumération des substances alimentaires que l'homme peut se procurer, soit par l'élève des animaux domestiques, soit par la chasse, en un mot les viandes de boucherie, la volaille et le gibier.

La deuxième division, l'énumération des substances alimentaires tirées du règne végétal, telles que les fruits et les légumes.

Enfin, la troisième division contenant l'énumération

des substances alimentaires fournies par les fleuves, les lacs et les mers.

Ainsi, la première embrasse toutes les productions que le sol peut offrir en substances alimentaires provenant du règne animal ;

La deuxième, toutes les productions alimentaires provenant du règne végétal que ce même sol peut offrir ;

La troisième enfin, toutes les productions alimentaires provenant des fleuves, des lacs et des mers: de telle sorte que les Conserves alimentaires se classent naturellement, 1.° en conserves qu'on peut dire exclusivement animales: 2.° en conserves végétales ; 3.° en conserves de poissons: et pour faire connaître aux classes intéressées toute l'importance de cette industrie nouvelle, il suffira de dire que toutes les substances alimentaires indiquées dans les trois classes qui précèdent, peuvent, lorsqu'elles sont préparées d'après les procédés de M. Appert, perfectionnés par M. Joseph Colin, être livrées à la consommation, sous toutes les latitudes du globe, dans quelque saison que ce soit: et que toujours elles offriront aux consommateurs le même parfum, la même saveur et le même fumet, que si la consommation en était faite sur le lieu même de la production.

Pour ne pas abuser de la patience des lecteurs, en faisant sèchement l'énumération de toutes les substances alimentaires susceptibles d'être conservées sous mille formes diverses, et préparées de cent manières différentes, nous joignons à cette Notice le catalogue de toutes les Conserves alimentaires journellement préparées) à l'établissement de M. Joseph Colin, de Nantes, ce digne continuateur de M. Appert, pouvant être livrées à la consommation à des prix qui chaque jour tendent à se réduire, par suite des améliorations continuelles du propriétaire de ce vaste établissement, lequel ne recule devant aucun sacrifice pour satisfaire à tous les goûts et à toutes les exigences.

CHAPITRE II.

Des usages actuels des Conserves Alimentaires, et quelles sont les classes sociales qui, jusqu'à ce jour, en ont fait usage.

Depuis la précieuse découverte faite par M. Appert jusqu'à nos jours, trois classes de la société ont exclusivement pu faire usage de ce mode d'alimentation, ou pour mieux dire, les seuls individus riches l'ont adopté comme moyen spécial d'avoir, en tous lieux et en toutes saisons, les mets étrangers qui font le luxe de leurs tables.

Ces riches individualités sont 1.° les consommateurs terriens éloignés des grands centres de production ;

2.° Les militaires auxquels leur position pécuniaire permet de faire usage d'aliments aussi salubres et aussi bien choisis que ceux qu'ils pouvaient être habitués de trouver à la table de leur famille ;

3.° Et enfin les marins riches, et les voyageurs qui les emportent avec eux dans leurs excursions lointaines, et pour lesquels les Conserves alimentaires ont dû devenir tout d'abord d'une indispensable nécessité, alors qu'ils pouvaient ainsi se soustraire à l'ancien mode d'alimentation par les salaisons, et en même temps se soustraire également aux exactions des fournisseurs de provisions fraîches, tout en ayant avec eux des aliments d'une qualité supérieure.

Aussi les bouillons, les laitages, les fruits et les légumes furent-ils d'abord recherchés avec une avidité telle que les riches seuls purent profiter de cette bienfaisante découverte.

Plus tard et successivement, les viandes, le gibier, la volaille et le poisson, soumis au même mode de conservation, vinrent accroître l'alimentation des classes favorisées par la fortune, et leur fournir, comme nous l'avons déjà dit, les moyens de retrouver en tous lieux, en tous temps et en toutes saisons, le luxe d'une table fastueuse.

Mais les riches seuls, nous le répétons, ont pu jusqu'à nos jours profiter des travaux de ces deux hommes célèbres; le haut prix des produits ainsi fabriqués a longtemps éloigné les classes intermédiaires moins favorisées par la fortune, et le producteur de Conserves alimentaires se trouvait forcé à n'opérer que dans un cercle rétréci, faute d'un nombre suffisant de consommateurs.

Cependant, depuis quelques années, la progression de la fortune publique, la multiplicité des expéditions lointaines, le désir du bien-être inhérent à toutes les classes de la société, et enfin la concurrence inévitable en matière de production, ont rendu populaire l'usage des Conserves alimentaires, à tel point qu'aujourd'hui c'est presque une nécessité sociale que ce mode d'alimentation soit enfin mis à la portée de tous, dans la proportion des moyens pécuniaires de chacun.

Ainsi aux riches, le gibier, la volaille, les poissons, les fruits rares et coûteux, comme cela a toujours existé sur les marchés ; et aux classes moins favorisées de la fortune, les aliments moins coûteux et cependant éminemment salubres, tels que les bouillons, les viandes de boucherie, bouillies et rôties, substances alimentaires que la science peut mettre à la portée de la bourse des travailleurs, comme nous allons le démontrer dans le chapitre suivant.

CHAPITRE V.

De l'influence probable que pourrait avoir un utile et grand changement dans le mode d'alimentation des masses populaires sur :

1.° *L'hygiène publique des Classes ouvrières ;*
2.° *L'agriculture dans sa sphère de production des céréales ;*
3.° *La propriété vinicole ;*
4.° *La marine et l'armée ;*
5.° *Le revenu public.*

§ 1.ᵉʳ

SUR L'HYGIÈNE PUBLIQUE DES CLASSES OUVRIÈRES.

Depuis vingt ans et plus, la valeur de la viande de boucherie a augmenté dans une proportion telle, que les prix ne sont plus en rapport avec les moyens pécuniaires des classes ouvrières.

Les tableaux statistiques publiés chaque année, par les soins de l'administration, font foi que la consommation de la viande de boucherie diminue constamment, tandis que la consommati n de la charcuterie augmente dans une proportion exagérée; et on se rend très-bien compte de cette préférence accordée à la charcuterie par les ouvriers, alors qu'il est reconnu que la viande de boucherie, indépendamment de son prix plus élevé, nécessite encore des frais de préparation qui accroissent d'autant le prix des aliments, tandis que la charcuterie offre des aliments tout préparés, à un prix inférieur et dont la préparation fortement épicée, permet à l'ouvrier d'en consommer une moindre quantité.

Il résulte de ce qui précède, que les ouvriers s'habituent de plus en plus à l'usage d'un aliment insalubre dont, en bonne hygiène, ils devraient tout au plus faire usage une fois par jour, et que leurs enfants, surtout, sont privés des aliments nutritifs que leur fourniraient le bouillon de viande et l'usage du bœuf bouilli, ce qui, de l'avis de tous les médecins, doit exercer une funeste influence sur la constitution de ces enfants.

Une autre cause de morbidité, résultant de l'usage presque exclusif de la charcuterie, c'est que l'ouvrier trouvant ainsi ses aliments tout préparés, cesse de chauffer l'habitation de sa famille, et qu'il en résulte dans les saisons froides et pluvieuses, une humidité pernicieuse que rien ne combat, et qui exerce une influence des plus délétères sur les femmes et les enfants bien plus exposés que les pères aux pernicieux effets d'une vie sédentaire dans des habitations humides.

§ 2.

SUR L'AGRICULTURE, DANS SA SPHÈRE DE PRODUCTION DES CÉRÉALES.

Depuis longtemps, pour remédier à cette perturbation forcée dans la nourriture naturelle des peuples, des économistes distingués demandent que la taxe sur les bestiaux étrangers soit diminuée dans des proportions telles, que l'équilibre se trouve rétabli entre le prix des aliments salubres nécessaires aux ouvriers, et le prix de leurs salaires; mais les lourdes charges que l'impôt fait peser sur la propriété territoriale, ont empêché jusqu'à ce jour de faire droit à cette demande si juste, les propriétaires agricoles et producteurs de bétail ayant toujours justifié que, pour pouvoir solder l'impôt, il y avait nécessité indispensable d'un droit protecteur qui pût les garantir de la concurrence étrangère sur les bestiaux, base principale de leurs exploitations agricoles.

Ne pouvant réduire les droits sans diminuer l'impôt, le gouvernement s'est vu *forcé* de les maintenir ; mais, comme en économie politique, il est prouvé qu'on ne peut consommer que ce qu'on peut payer, il est résulté de ce maintien des droits protecteurs, que, si les propriétaires producteurs de céréales et de bétail, ont pu, à l'aide d'un droit protecteur *équivalent à une prohibition*, soutenir le fardeau de l'impôt, une autre classe de propriétaires (les propriétaires vinicoles), a vu ses produits s'annihiler entre ses mains, et ses plaintes ont retenti à la tribune et par la voie de la presse, de manière à démontrer que là aussi il y avait urgence de modifier la législation.

§ 3.

SUR LA PROPRIÉTÉ VINICOLE.

En effet, il est facile de concevoir que si le haut prix des aliments solides absorbe le gain de l'ouvrier, déduction faite de ses loyers, il devra, pour rétablir l'équilibre, non pas se priver de vin (*ceci ne serait pas dans sa nature*), mais en proscrire l'usage dans sa famille; et, porteur de son morceau de charcuterie, il ira prendre sa réfection chez le marchand de vin, tandis que sa femme et ses enfants devront s'en interdire l'usage.

Or, les classes ouvrières, en France, offrent une masse de consommateurs qui n'est pas moindre de vingt millions d'individus : qu'on mette cette masse à même de consommer, et la pénurie des propriétaires vinicoles cesse à l'instant; car il est prouvé que l'encombrement de leurs celliers ne provient que de l'accumulation des vins de qualités inférieures à l'usage des classes ouvrières.

Le problème à résoudre est donc de fournir aux

consommateurs des classes ouvrières, les aliments solides, nécessaires à leur existence, au moindre prix possible, sans nuire aux intérêts du trésor et à ceux des propriétaires agricoles; de telle sorte que ces nombreux consommateurs puissent appliquer une portion de leurs salaires à leur alimentation en aliments liquides, c'est-à-dire, en vin.

Pour arriver à la solution de ce problème, il suffit de se poser cette question : l'alimentation des classes ouvrières par la charcuterie, est-elle profitable aux propriétaires agricoles? Évidemment non; car il est parfaitement reconnu que les produits économiques de la porcherie ne sont pas du ressort des grandes propriétés, et qu'ils proviennent uniquement des petits closiers et huttiers, lesquels utilisent, avec l'économie que prescrit le besoin, toutes les ressources de leurs petits ménages pour parvenir à engraisser un ou deux porcs, dont l'un est destiné à l'alimentation de la famille, quand c'est chose possible, et l'autre à payer en partie les fermages ; d'où il résulte que, par suite du prix élevé des bestiaux à cornes, le grand propriétaire agricole auquel appartient de fait l'élève de la race bovine, voit diminuer ses ventes de tout ce que produit ce qu'on peut appeler la petite industrie agricole, celle des closiers ou huttiers qui alimentent la charcuterie presque exclusivement.

Ces deux faits étant posés et reconnus, savoir 1.° que le droit protecteur sur les bestiaux étrangers, empêche plus ou moins vingt millions de consommateurs d'arriver au marché de la grande propriété vinicole;

2.° Et que le renchérissement provenant de la disproportion entre le prix des salaires et celui des denrées animales, tend à réduire d'autant la consommation des produits vinicoles, faute de débouchés suffisants, quel sera alors le moyen de concilier les droits des deux propriétés, sans favoriser l'une aux dépens de l'autre?

Un premier moyen à employer a été maintes fois proposé : celui de réduire les droits protecteurs ; mais alors l'industrie agricole crie qu'elle est ruinée, et que si l'on réduit la taxe qui la défend contre la concurrence étrangère, elle ne peut plus acquitter l'impôt foncier; et il paraît certain qu'elle a malheureusement raison.

Un deuxième moyen serait de dégrever la propriété vinicole, de telle sorte qu'elle pût mettre ses produits à la portée de vingt millions de consommateurs, marché bien plus important que celui de l'Europe entière; mais alors le trésor, à son tour, déclare ne pouvoir, sans péril pour l'État, consentir le dégrèvement nécessaire pour assurer l'écoulement des produits de la propriété vinicole.

Ces deux moyens étant ainsi reconnus impraticables, au point de vue de la propriété foncière et au point de vue de l'intérêt du trésor, il reste à démontrer que ces deux intérêts pourraient peut-être se concilier avec quelques études préalables.

En effet, une industrie nouvelle est née en France : c'est la fabrication des Conserves alimentaires, dont l'invention comme nous l'avons dit plus haut, est due au génie de MM. Appert et Colin. Or, cette industrie a pris, depuis quelques années, un développement tel, que là il est certain qu'on pourrait trouver un moyen d'arriver au secours des classes ouvrières, sans nuire aux droits des producteurs agricoles, ce qui laisserait à ces classes un excédant de salaires qui se reporterait naturellement sur les produits vinicoles, et leur fournirait un débouché énorme dont ils sont privés depuis longues années. Car il est reconnu que les Conserves alimentaires ont été jusqu'à ce jour un produit uniquement d'exportation, dont le chiffre actuel ne peut être évalué à moins de quarante millions par an, et que si ce chiffre n'est pas doublé et triplé, c'est que le haut prix de nos viandes de boucherie ne permet pas à nos producteurs de modérer leurs prix de vente, autant qu'ils pourraient le faire si un droit protecteur ne frappait pas les bestiaux étrangers.

Cependant, quelque défavorable que soit la position des fabricants en présence du droit qui les frappe, ils trouvent un écoulement de leurs produits tel que dans toutes les villes où des établissements de cette nature ont été fondés, les populations crient contre le renchérissement des denrées nécessaires à leur alimentation.

Or, puisque en ce qui concerne les Conserves alimentaires provenant des viandes de boucherie, il est établi et justifié que toutes ces préparations sont exportées, et qu'il est également établi qu'en l'absence du droit protecteur, l'exportation pourrait doubler ou tripler, pourquoi ne pas faire profiter les classes ouvrières d'une diminution de prix qu'elles pourraient obtenir par suite d'une plus grande manutention de ces viandes de boucherie destinées à être exportées, et en conséquence, à ne pas rivaliser avec les produits de la propriété agricole.

Pour bien faire comprendre tout l'intérêt qui se rattache à cette proposition, il suffira de dire que lorsqu'un bœuf est cuit pour être utilisé à l'état de Conserve alimentaire, il reste à la disposition du fabricant une grande quantité de sucs propres à fabriquer les meilleurs bouillons de viande, bouillons tels que ceux préparés dans les maisons particulières ne pourraient rivaliser avec eux, et que ces bouillons peuvent être livrés à un prix de revient moitié moindre de ce qu'ils reviendraient en les cuisant suivant l'usage habituel.

Outre les bouillons dont des essais satisfaisants ont déjà été faits, le fabricant de Conserves alimentaires peut livrer à des prix excessivement modérés, toutes les parties de viande dont la contexture ne permet pas l'emploi dans ses boîtes; et cette nourriture, aussi saine qu'agréable, serait à la portée de toutes les classes pauvres, comme nous allons le démontrer plus loin.

Enfin, indépendamment de tout ce que dessus, le fabricant de Conserves alimentaires qui ne serait pas grevé du droit protecteur, pourrait livrer au commerce, 1.° une quantité dix fois plus considérable de cuirs frais si recherchés pour la tannerie;

2.° Aux corroyeurs, une quantité plus forte d'huile de pieds de bœuf dont l'emploi est aujourd'hui d'un usage général ;

3.° Une masse immense d'os carbonisés, que les besoins de l'agriculture font arriver, à si grands frais, des contrées étrangères,

4.° Et enfin, une masse au moins aussi considérable d'engrais animaux, pour les besoins de l'agriculture qui, chaque jour, est forcée de restreindre sa production en bestiaux, faute d'engrais suffisants pour alimenter sa production en fourrages.

Donc le droit protecteur établi au profit de la propriété agricole, réagit de toute sa force sur la propriété vinicole à laquelle il ferme ainsi le plus beau marché de l'univers, et il réagit également sur les consommateurs, sans bénéfice pour les agriculteurs.

Ceci posé, est-il possible, sans nuire aux droits acquis des propriétaires agricoles, de faire jouir les classes ouvrières, et, par suite, les propriétaires vinicoles, des chances de bénéfices que peut offrir l'extension indéfinie de la fabrication des Conserves alimentaires ? Cette proposition ne peut être un instant mise en doute, si l'on considère que le haut prix de la viande de boucherie en France, fera toujours des conserves de bœuf un aliment de luxe dans les pays étrangers, et que ce n'est qu'à la perfection de nos procédés, que nous devons de pouvoir soutenir la concurrence avec nos rivaux les Anglais.

Cette belle industrie se tournera donc toujours et par la force des choses, du côté des Conserves de luxe, et notre commerce maritime sera toujours privé des deux tiers de l'exportation sur laquelle il pourrait compter, si le droit protecteur sur les bestiaux ne venait la paralyser, alors qu'il est prouvé que la production nationale ne peut suffire aux besoins de la population.

§ 4.

SUR LA MARINE ET L'ARMÉE.

Si l'on admet ce que nous avons dit plus haut, dans l'intérêt de l'hygiène publique, de l'agriculture et de la propriété vinicole, que serait-ce donc si l'industrie nouvelle sur laquelle nous appelons l'attention, était appliquée aux besoins de l'armée et de la marine, et qu'il fût justifié que le mode d'alimentation par les Conserves alimentaires, est aussi possible pour ces deux fractions de la nation, qu'il l'est pour les classes ouvrières et pour les classes riches, et, qu'avec une immense économie dans les dépenses, on peut les alimenter de substances fraîches et salubres, consistant en viandes cuites et bouillons, à des prix bien inférieurs à ceux que paie habituellement l'Etat, pour les salaisons dont l'usage habituel ruine la santé des individus contraints de consommer ces aliments insalubres ?

Cette insalubrité est surtout spéciale pour la marine, dont les provisions fraîches ne peuvent se renouveler qu'à de longs intervalles et à grands frais; aussi, ces provisions fraîches ne peuvent-elles jamais être distribuées qu'avec une parcimonieuse économie, et dans des proportions insuffisantes pour remplir les conditions d'un bon régime alimentaire.

De là, les maladies scorbutiques, les fièvres typhoïdes, et les prédispositions hygiéniques de tous les marins à subir l'influence climatérique de tous les pays où on les transporte.

Au point de vue matériel de l'économie, la vie, ou seulement la santé d'un marin, est cependant chose précieuse pour l'Etat; chacun de ceux qui succombent à la maladie, représente une perte pour l'Etat, dont le minimum destiné à représenter les frais d'instruction, d'équipement et de mobilisation, ne peut être évalué à moins de mille francs par individu.

Cette perte s'augmente encore de tous les frais d'hôpitaux pour les convalescents, et il est raisonnable de supposer que le chiffre approximatif de la dépense à la charge de l'Etat pour chacun de ces individus, n'est pas moindre de cinq cents francs par homme, y compris les frais de maladie et la perte de son travail.

Si, à cette cause de morbidité reconnue, résultant de l'usage presque exclusif des salaisons pour la nourriture des marins, on ajoute celle résultant de la corruption de ces mêmes aliments, alors que les voyages ont lieu sous des latitudes torrides, on sera effrayé de la masse d'influences délétères qui pèsent sur cette partie si intéressante de la population, et on sera forcé de reconnaître qu'il ne faut rien moins que la science éclairée de la médecine actuelle pour la combattre avec avantage, et rendre moins grand le nombre des victimes.

En ce qui concerne l'armée de terre, et à part les temps de siéges ou de blocus, pendant lesquels la nourriture de l'armée devient forcément la même que celle des marins, les influences morbides que nous venons de signaler ne sont pas, il est vrai, exactement les mêmes; car, dans les garnisons, la nourriture du soldat se compose exclusivement de viandes fraîches et de légumes également frais : aussi les pertes en hommes sont-elles proportionnellement moindres dans les rangs de l'armée que dans les classes ouvrières.

Mais si une armée est en campagne, sa nourriture ne lui est plus fournie que par les razzias opérées sur le pays qu'elle occupe, ou, à défaut, par les magasins militaires ; et alors se présente avec tous ses vices, le régime d'alimentation par les salaisons, régime dont l'influence morbide est bientôt constatée par un accroissement subit dans l'effectif des pertes.

A ces causes de destruction, ajoutons celles résultant des disettes temporaires, alors que les razzias n'ont pas eu de succès, ou que les magasins militaires sont séparés de l'armée par plusieurs jours de marche; et on verra que le régime alimentaire de l'armée de terre n'est pas beaucoup plus favorable à la santé du soldat, que ne l'est le régime alimentaire de la marine à la santé du marin; et que c'est réellement un devoir pour l'Etat, de faire tout ce qu'il est possible pour fournir en tous temps, en tous lieux, des aliments frais et salubres à ces hommes que la loi arrache violemment à leurs familles dans l'intérêt de la défense commune, pour les offrir en holaucauste au fer, au feu et aux maladies, ces trois fléaux qui déciment habituellement les masses militaires.

Or, ce changement dans le mode d'alimentation des masses populaires et des masses militaires, est possible avec une notable économie pour l'État et pour la société ; l'essai peut en être fait sans frais aucuns pour l'Etat, ainsi que nous allons le démontrer dans le chapitre suivant, et nous osons espérer que tous les hommes amis de leur pays concourront, de toute leur force et de tous leurs moyens, à l'obtention de cet essai qui, s'il réussit, comme nous en sommes certains, résoudra enfin le grand problème du rétablissement de l'équilibre entre le prix des salaires et la nourriture des masses.

§ 5.

SUR LE REVENU PUBLIC.

La justesse des considérations générales qui précèdent peut bien, il est vrai, nous faire espérer le concours de toutes les capacités nationales, pour obtenir du gouvernement qu'il soit fait un grand essai dans l'intérêt des masses; mais il y a toujours lieu de craindre que ce progrès désirable ne soit encore retardé, soit par les intérêts particuliers des propriétaires agricoles, soit par la crainte de voir diminuer le revenu du trésor public qui, dans l'état actuel, suffit à grand'peine aux charges de l'Etat.

En ce qui concerne l'intérêt du trésor, il suffit, pour faire justice de cette crainte, de citer un axiome devenu populaire en matière d'économie financière ; c'est que toutes les fois qu'il y a réduction des taxes sur les objets de première nécessité, la consommation s'est toujours accrue dans une proportion telle, que non-seulement le déficit causé par la réduction de la taxe a été comblé, mais encore qu'il y a constamment eu augmentation des recettes.

Ainsi, dans l'espèce, les bestiaux étrangers étant frappés d'un droit protecteur équivalant à une prohibition, l'importation s'en trouve forcément arrêtée, et l'Etat perd tout ce qu'il pourrait percevoir, si le droit était réduit à des proportions équitables.

D'un autre côté, le fait de cette prohibition enlève à l'industrie vinicole l'un des plus puissants moyens d'échange qui seraient à sa disposition ; car si le droit sur les bestiaux étrangers était réduit à des proportions assez modérées pour que la marine marchande pût aller chercher et importer la quantité de bestiaux que l'agriculture française ne peut nous fournir, il est probable, ou pour mieux dire il est certain que ces chargements seraient en grande partie payés par les vins qui restent sans emploi, depuis plusieurs années, dans les celliers des propriétaires.

Reste donc comme seul argument plausible à opposer, l'intérêt de la propriété agricole, dont les charges sont telles que, pour pouvoir satisfaire au paiement de l'impôt, il lui faut, dit-on, la prohibition absolue de toutes concurrences étrangères.

Nous pensons que cet argument n'est pas fondé, et

qu'il ne peut se soutenir en présence des faits statistiques recueillis, depuis quarante ans, par les soins de l'autorité qui ne peut être suspectée de partialité au détriment de l'industrie agricole.

En effet, il est prouvé que, depuis quarante années, la population en France s'est accrue d'environ cinq millions d'individus, ce qui aurait dû, dans un état normal, amener une consommation proportionnelle de viandes de boucherie et autres : or, il est également prouvé que ce genre de consommation loin de s'accroître proportionnellement, ainsi que cela aurait dû être, a, au contraire, décru dans une proportion considérable, alarmante pour la santé publique.

Et qu'on ne prétende pas que cette diminution dans la consommation des grosses viandes se trouve compensée au profit de l'agriculture par un accroissement proportionnel dans la consommation des viandes de porcherie; car la conséquence serait fausse sur tous les points.

Non, l'augmentation officiellement constatée dans les états statistiques des villes, d'une plus grande quantité de viandes de porcherie, en présence de la diminution également constatée dans la consommation des grosses viandes de boucherie, n'établit pas qu'il y ait compensation au profit de l'agriculture; il n'y a là, aux yeux de l'observateur, que la constatation d'un mal grave : la misère des masses, par suite de l'insuffisance des salaires, laquelle les contraint à réduire le mode d'alimentation qui leur serait nécessaire, faute de moyens de solder le prix des denrées dont elles auraient besoin.

On arguera, sans doute, pour repousser cette assertion, de l'augmentation bien constatée des animaux de porcherie sur les abattoirs publics des grandes villes, pour en conclure que la quantité des viandes consommées par les masses est restée *proportionnellement* et *individuellement* la même qu'elle était avant la prohibition des bestiaux étrangers, et qu'il y a tout au plus changement dans le mode d'alimentation de ces mêmes masses.

Conclure ainsi serait commettre une grave erreur ; les états statistiques des villes ne prouvent qu'une seule chose, à savoir : l'apport d'un plus grand nombre d'animaux de porcherie sur leurs abattoirs ; mais là ne se trouve pas la preuve que la production des animaux de porcherie ait augmenté dans la proportion de la consommation plus grande qu'en font les populations urbaines ; loin de là, il y a tout lieu de croire que cette consommation a diminué dans les campagnes, dans la même proportion qu'elle a augmenté dans les villes ; et peut-être dans la constatation officielle de ce fait, trouverait-on, après un mûr examen, le motif, ou pour mieux dire la tendance des populations rurales à venir s'agglomérer dans les villes.

En effet, il est à remarquer que le prix des fermages des propriétés rurales a doublé depuis un demi siècle, et qu'en outre les propriétaires ruraux ont presque partout substitué le mode de paiement en argent au mode de paiement en nature qui, auparavant, était le plus généralement pratiqué ; et s'il était vrai, comme il y a tout lieu de le croire, que la production agricole n'a réellement fait que suivre de loin le mouvement ascensionnel de la population, il est rationnel de penser que les fermiers, pour subvenir au paiement en espèces de leurs fermages si considérablement augmentés, ont dû réduire autant que possible leurs dépenses domestiques, et apporter aux marchés des villes, la plus grande partie des animaux de porcherie qu'auparavant ils réservaient pour leur propre consommation.

Ainsi s'expliquerait naturellement l'augmentation dans les apports faits aux villes par les fermiers, la diminution des bras dans les campagnes après trente années de paix, et la tendance des ouvriers laboureurs à délaisser les travaux ruraux pour venir augmenter la population déjà trop considérable des villes, dans l'espoir mal fondé d'y trouver le mode d'alimentation qui leur est non pas entièrement refusé chez les fermiers, mais qui, du moins, n'est mis à leur portée qu'avec une parcimonieuse économie commandée par le haut prix des fermages.

De tout ce qui précède on peut tirer cette conclusion, que si une réduction était opérée sur les droits protecteurs, cette réduction, ou tout au moins un essai de réduction pratiqué sous la surveillance du gouvernement, serait utile à tous :

Au gouvernement, qui pourrait ainsi ouvrir une nouvelle source de revenu public, laquelle, suivant toutes les prévisions, serait éminemment fructueuse ;

A la propriété vinicole, qui, au moyen de cet abaissement dans les tarifs, se verrait ouvrir les marchés qui lui sont fermés, par suite de nos prohibitions;

A l'agriculture, qui pourrait obtenir une réduction d'impôt proportionnée à l'augmentation de revenu qu'obtiendrait le trésor;

Aux armées de terre et de mer, qui pourraient ainsi être alimentées avec plus d'économie et plus d'abondance:

Aux classes ouvrières enfin, qui trouveraient facilement à leur portée des aliments salubres plus favorables à leur nutrition et à celle de leurs familles, à un prix proportionné à leurs salaires.

CHAPITRE VI.

De la possibilité d'universaliser et propager l'usage des Conserves alimentaires, au point de vue de l'économie sociale et du rétablissement de l'équilibre entre le prix des salaires et le prix des aliments.

§ 1.er

CONSIDÉRATIONS GÉNÉRALES.

Nous croyons avoir démontré jusqu'à l'évidence, qu'une cause de perturbation menaçante, incessante et de nature à bouleverser peut-être la société, existait depuis longtemps, par suite de la différence entre le prix des salaires et le prix des aliments nécessaires aux masses.

Cette vérité est si rigoureusement démontrée, que

les agitateurs politiques ont pu s'en emparer comme d'un levier destiné à soulever ces masses ; et sans rappeler ici les terribles moyens de répression qu'il a fallu déployer en France pour comprimer les émotions populaires empruntant toutes leurs forces à *ce principe de morale éternelle,* que partout où l'ouvrier fournit son travail, il a *le droit d'exiger* que ce travail soit salarié dans la proportion de ses besoins alimentaires, il suffit d'examiner avec attention l'état social de l'Angleterre, pour se convaincre que, quelle que soit la force des institutions politiques, quelle que soit la force des moyens de coercition dont une nation peut disposer, l'état social est en péril chaque fois que l'équilibre est rompu entre le prix des aliments et celui des salaires. Qu'un *économiste anglais* ait osé dire, en parlant de l'épouvantable plaie qui rongeait son pays, que le seul moyen de la faire disparaître était de mettre un terme à l'accroissement de la population; cela se conçoit, quand on sait que les systèmes politiques de ce pays ne comptent les masses que comme des chiffres dont il faut supprimer une partie, quand les fractions menacent de s'étendre indéfiniment : témoin les famines politiquement organisées dans l'Inde par le gouvernement anglais, en conformité des principes de ce savant économiste, et dont le résultat fut, dans l'espace de deux années, de débarrasser le gouvernement de quarante millions de chiffres humains dont l'agglomération devenait importune, et l'accroissement menaçant.

Le système anglais, fort heureusement, n'a pas trouvé de partisans en France, où les actes de philantropie ne se traduisent pas en paroles, mais bien en actions, et il a été reconnu et confessé, par tous les économistes les plus systématiques, que les masses populaires avaient le droit naturel de travailler à la reproduction de l'espèce, comme tous les autres animaux qui peuplent le globe.

Mais là s'est arrêtée la formule humanitaire de nos économistes ; les masses populaires peuvent se reproduire, il est vrai, grâce à la permission qui leur en a été donnée ; mais peuvent-elles se nourrir, et par quels moyens le peuvent-elles, si leur salaire n'est pas en rapport avec le prix de la nourriture ?

Cette question valait sans doute bien la peine d'être examinée, et cependant elle n'a pas même été effleurée : l'existence du mal a seulement été reconnue, sa gravité a été confessée ; mais le remède n'a pas été cherché, ou du moins s'il a été cherché, n'a-t-il pas été trouvé.

Cependant, si les idées que nous avons émises dans le chapitre précédent, étaient reconnues aussi vraies que nous croyons qu'elles le sont ; s'il était vrai que l'état des choses actuel froisse autant les intérêts des classes qu'on appelle privilégiées, que ceux des classes qui se croient victimes ; s'il était vrai, enfin, que l'état social fût incessamment menacé et miné par suite d'un malaise universel assez grave pour se traduire en révolte, et peut-être nous conduire de la révolte partielle à une révolution, et qu'il y eût un remède propre à faire disparaître ce mal, pourquoi ne pas en faire au moins l'essai ?

Il y a là quelque chose à faire pour remédier à une

situation qui menace de devenir intolérable; l'aveu en a été fait à la tribune parlementaire. Or, de tels aveux sont des semences dont le germe se développe quelquefois lentement, mais toujours sûrement ; et quand ceux qui les ont faits sont naturellement chargés de régler les destinées nationales, et qu'ils ne font pas même un essai, ils doivent trembler que ceux en faveur desquels ils ont eux-mêmes reconnu qu'il y avait quelque chose à faire, ne se décident à les faire eux-mêmes, ainsi que cela s'est déjà vu plus d'une fois.

§ 2.

Le fait matériel de l'insuffisance des salaires étant reconnu, et le fait matériel de l'impossibilité d'une augmentation dans le prix des salaires étant également reconnu, le problème à resoudre se résume donc par cette simple proposition : nourrir les travailleurs avec ce qu'ils gagnent, c'est-à-dire, diminuer le prix des aliments nécessaires à la nutrition des masses, afin de rétablir l'équilibre rompu, sans nuire aux droits acquis de ceux qui supportent une part plus directe et plus forte dans les charges publiques.

Comme nous l'avons fait pressentir, le véritable moyen serait, sinon l'abolition entière, du moins une forte réduction sur les droits prohibitifs établis sur les bestiaux étrangers ; mais ce moyen, nous l'avouons, nous paraît presque impossible dans l'état actuel de notre législation.

Toutefois, il nous paraît démontré que si la fabrication des Conserves alimentaires destinées à l'exportation, était suffisamment encouragée, pour que ses produits en Conserves de viandes de boucherie cessassent d'être un objet de luxe, l'alimentation des masses s'en trouverait notablement améliorée sans aucun effet nuisible pour la production agricole.

Exemple. — La viande du bœuf, quand il est abattu, coûte en moyenne par toute la France soixante centimes le demi-kilogramme ; la viande de veau se maintient à peu près dans les mêmes prix et conditions, et le prix de la viande de mouton ne varie guère avec les premiers que de huit à dix centimes par demi-kilogramme.

Ces viandes à la cuisson perdent, en poids, du tiers à la moitié, et à cette déperdition il faut ajouter les frais de manutention, d'où il arrive que le bœuf et le veau cuits ne reviennent pas aux consommateurs à un prix moindre que celui de quatre-vingt-dix centimes à un franc le demi-kilogramme, et le mouton, à un prix de soixante-quinze à quatre-vingts centimes le demi-kilogramme.

Le bouillon de viande, cette nourriture si éminemment propre à l'alimentation des pauvres qu'elle est devenue, entre les mains de la médecine, un des plus puissants moyens curatifs, en tant qu'il peut être appliqué comme moyen réparateur de toutes les privations que le pauvre est obligé de subir, le bouillon de viande, disons-nous, tel qu'il est préparé dans les ménages, et en y comprenant les frais de manutention, ne revient pas à un prix moindre que celui de soixante centimes le litre.

Cependant, pour qu'un travailleur fût salubrement nourri, il est reconnu qu'il faudrait qu'il pût consommer chaque jour :

1.° Un demi-litre de bouillon de viande, soit, au minimum du prix, trente centimes, ci . . . . » F. 30 C.

2.° De quatre à six onces de viande cuite, soit une moyenne de cinq onces ou cent cinquante grammes, coûtant, au prix moyen de quatre-vingt-cinq centimes le demi-kilogramme, vingt-cinq centimes et demi, ci . . . . . . » 25 50

3.° En légumes cuits avec les viandes, pour économiser le beurre; par chaque jour cinq centimes, ci. » 05

Total du prix des aliments nécessaires à un travailleur, par chaque journée de travail, soixante centimes et demi, en ce non-compris le pain et la boisson. . . . » F. 60 C. 50 °/₀

On voit qu'avec de pareilles conditions du prix de revient des aliments nécessaires à sa nutrition et à celle de sa famille, l'ouvrier travailleur, à moins qu'il ne se trouve placé dans des positions tout-à-fait exceptionnelles, est nécessairement forcé d'adopter un mode d'alimentation autre que celui qui lui serait nécessaire ainsi qu'à sa famille, quelque péril d'ailleurs qu'il y ait à faire exclusivement usage d'une nourriture moins salubre.

Si la fabrication des Conserves alimentaires était appelée, même dans l'état actuel des choses, à coopérer, avec la protection du gouvernement, à un grand et désirable changement dans le mode d'alimentation des masses populaires, elle pourrait fournir pour leur nutrition:

1.° Un bouillon de viande d'une qualité bien supérieure à celui des ménages ordinaires, au prix moyen de vingt-cinq à trente centimes le litre;

2.° Et les viandes cuites, tantôt bouillies, tantôt rôties, tantôt en ragoûts, *et toujours désossées*, au prix moyen de quarante à cinquante centimes le demi-kilogramme.

A ces conditions de prix de revient, le travailleur consommerait, comme nous l'avons établi plus haut:

1.° Un demi-litre par jour de bouillon, soit quinze centimes, ci . . . . » F. 15 C

2.° Cinq onces ou cent cinquante grammes de viande cuite, à quarante-huit centimes le demi-kilogramme, prix moyen, soit quinze centimes, ci. . . . . . . » 15

3.° Quatre onces ou cent vingt-cinq grammes de légumes cuits avec les viandes, au prix moyen de seize centimes le demi-kilogramme, soit, quatre centimes, ci. . . . . » 04

Total du prix des aliments nécessaires à un travailleur pour chaque journée de travail, trente-quatre centimes, ci. . . » F. 34 C.

Ainsi la quantité de substances alimentaires que l'ouvrier paierait soixante centimes par jour, s'il les préparait lui-même, peut lui être fournie au prix de trente-quatre centimes par jour par le fabricant de Conserves alimentaires; et encore faut-il observer que dans la première hypothèse, celle de la préparation des aliments par l'ouvrier, les viandes seront constamment bouillies, et les portions diminueront de toute la quantité d'os qui lui sera livrée avec la viande crue; tandis que dans la deuxième hypothèse, le fabricant de Conserves alimentaires fournirait à l'ouvrier les viandes, alternativement bouillies, rôties ou en ragoûts, à son choix, *et toujours sans os.*

Au reste, il est impossible de contester l'exactitude de ces chiffres; car il a été offert de pourvoir à l'alimentation de l'armée dans les mêmes conditions, et même à un prix inférieur, celui de trente-deux centimes par homme.

Pour que cette réduction dans le prix de revient des aliments destinés à l'usage des classes ouvrières, ne paraisse pas une proposition fabuleuse, il suffira de quelques explications qui, nous en sommes certains, seront jugées satisfaisantes par tous les hommes consciencieux et éclairés.

Posons en principe que dans la manutention habituelle des ménages, un quart au moins des valeurs en provisions alimentaires est perdu sans fruit pour la famille, par suite de la présence des os, et que les frais de cette manutention dépassent de quatre-vingt-dix-huit pour cent, les frais du fabricant de Conserves alimentaires.

Posons également en principe que chez le fabricant de Conserves alimentaires rien n'est perdu ; que toutes les substances provenant des matières à fabriquer y trouvent un emploi économique, et qu'enfin les frais de manutention peuvent y être réduits, au moyen de la perfection des appareils, à ce point *qu'un bœuf peut être cuit dans l'espace de quinze à vingt minutes*, avec une dépense en combustible de cinquante à soixante centimes au plus, résultats qui seront peut-être contestés par les personnes étrangères à cette fabrication, mais qui peuvent être facilement vérifiés, à toutes réquisitions, en visitant l'établissement de Joseph Colin, à Nantes, actuellement dirigé par son gendre, qui en est seul propriétaire.

Dans le paragraphe suivant, nous justifierons par des faits incontestables de la vérité de nos allégations ; et nous allons continuer la démonstration de cette proposition : que les aliments nécessaires à la nutrition de l'ouvrier travailleur pourraient encore lui être livrés à un prix inférieur à celui de trente-quatre centimes, sans nuire aux intérêts agricoles et au grand avantage des intérêts vinicoles et manufacturiers, si le gouvernement voulait couvrir de sa protection et aider de son puissant concours, un essai sur une grande échelle, dont les résultats lui permettraient de prendre l'initiative, pour arriver enfin au rétablissement de l'équilibre du salaire des ouvriers et du prix de leur alimentation.

§ 3.

Nous avons promis, dans le précédent paragraphe, de démontrer que le prix de trente-quatre centimes, valeur représentative des substances alimentaires nécessaires à la consommation de l'ouvrier travailleur, pourrait encore être notablement réduit, si le concours du gouvernement était acquis à un essai fait sur une grande échelle.

En effet, pour arriver à cette démonstration et se rendre un compte réel des motifs qui peuvent engager les fabricants de Conserves alimentaires à établir des prix si minimes pour des aliments d'une qualité évidemment supérieure, il suffit de poser en principe ce que nous avons dit plus haut, savoir : que les Conserves alimentaires, surtout celles de bœuf et autres viandes de boucherie, n'ont été jusqu'à ce jour que des aliments de luxe destinés à être transportés en presque totalité dans les pays étrangers.

Il faut bien remarquer aussi que les parties des viandes propres à être ainsi conservées, constituent à peine le tiers, ou au plus la moitié de l'animal abattu, et que ce n'est toutefois qu'une différence dans la contexture des chairs qui empêche le fabricant de faire usage de toutes les parties de l'animal qu'il a fait abattre. *Voilà tout le secret du fabricant de Con-*

serves alimentaires, pour pouvoir offrir aux consommateurs de l'intérieur, des aliments d'une qualité éminemment supérieure ; c'est qu'en faisant abattre un animal entier, il n'a cependant besoin que de telle ou telle partie de cet animal, toujours dans la proportion du tiers à la moitié ; qu'en outre, chez lui, les frais de manutention, grâce à la perfection de ses appareils, comme nous l'avons déjà dit, se trouvent réduits à des chiffres tout-à-fait minimes.

Que serait-ce donc, et à quelle réduction ne pourrait-on pas s'attendre sur le prix des aliments que nous avons démontré être indispensables à l'ouvrier travailleur, si le gouvernement autorisait un essai fait sur de larges proportions, et qu'à cet effet il permît, pendant un temps limité, l'entrée en franchise d'une quantité déterminée de bestiaux étrangers dans une proportion suffisante pour alimenter les fabriques de Conserves alimentaires existantes en France, à la charge, par les fabricants, de justifier de la réexportation d'une quantité de Conserves de viandes de boucherie en rapport avec la quantité de bestiaux importés pour leur compte, de telle sorte qu'il n'y aurait que les parties non converties en Conserves, et cependant livrées à la consommation comme aliments, qui seraient frappées du droit établi sur les bestiaux étrangers au profit des producteurs français ?

Nous ne craignons pas de dire que si une telle mesure était adoptée, elle aurait pour conséquence immédiate l'abaissement du chiffre de trente-quatre centimes que nous avons admis comme valeur représentative des aliments nécessaires à la consommation de l'ouvrier travailleur, à celui de vingt à vingt-deux centimes au plus.

Quelles plaintes et quelles objections les producteurs français pourraient-ils émettre contre l'adoption d'une pareille mesure? Il est bien constaté qu'ils ne peuvent produire suffisamment pour la consommation, et que cette insuffisance de production a occasionné un renchérissement tel, que ces denrées de première nécessité sont maintenant hors de la portée des classes ouvrières, qui sont ainsi forcées de réduire leur consommation.

D'ailleurs, demande-t-on au profit de ces mêmes classes ouvrières, et au détriment des producteurs français, l'abolition d'un droit que ces derniers regardent comme indispensable pour protéger leur industrie? — Non : nous consentons à ce que les portions de viandes de boucherie destinées à être consommées en France, soient soumises à la perception du droit protecteur, quelque onéreux qu'il soit, et nous demandons seulement que les parties destinées à être exportées en soient affranchies.

Nous ne concevrions pas qu'on pût opposer des objections sérieuses à l'adoption d'une pareille mesure; car alors les fabricants auraient le droit de dire au producteur français : A quel titre vous opposez-vous?

Dans l'état actuel de la législation, tous les Français ont le droit d'importer en France les bestiaux étrangers, en se conformant aux tarifs; mais si, pour notre industrie toute spéciale, nous n'avons besoin que de la moitié en poids de ces bestiaux abattus, n'est-il pas rationnel que le droit perçu nous soit restitué alors que nous justifions de la réexportation de cette moitié, et que nous consentons à payer le droit sur l'autre moitié que nous livrons à la consommation nationale?

Cette pensée, ainsi formulée par les fabricants de Conserves alimentaires, est non-seulement rationnelle, mais encore elle est conforme aux véritables intérêts de l'Etat.

Elle est rationnelle, parce que les producteurs français ne peuvent produire suffisamment pour alimenter la consommation, ainsi que le témoigne le renchérissement toujours croissant des viandes de boucherie.

Elle est conforme aux véritables intérêts de l'Etat, dont le revenu se grossirait de tous les droits perçus sur les viandes de boucherie qui seraient livrées en plus à la consommation des masses.

Et, enfin, elle doit être utile à une classe nombreuse de propriétaires, qui eux aussi ont droit à la protection spéciale du gouvernement : nous voulons parler des propriétaires vinicoles, qui, au rebours des propriétaires agricoles, sont encombrés de leurs produits dont ils ne trouvent pas l'écoulement, parce que, comme nous l'avons dit précédemment, le marché de la France ouvrière, c'est-à-dire un marché de vingt millions de consommateurs, leur est presque totalement fermé, par suite de la rupture de l'équilibre entre le prix des salaires de la plus grande partie des ouvriers, et le prix des aliments nécessaires à leur nutrition et à celle de leur famille.

§ 4.

Nul doute que, pour repousser une innovation que nous croyons désirable sous tous les rapports, on ne vienne arguer des immenses difficultés qu'on prétendra devoir en être la suite ; les intérêts momentanément froissés crieront à l'impossibilité; on dira qu'entrer dans une pareille voie, ce sera ouvrir une large porte à la fraude ; qu'aucun mode de contrôle dans l'intérêt de l'Etat ne sera possible, à moins d'assujettir les fabricants à un exercice de régie, et autres raisons banales, comme on en trouve toujours quand on croit avoir intérêt à rester stationnaire.

A cela nous répondrons que pour l'administration, l'exercice chez les fabricants de Conserves ne sera pas plus difficile qu'il ne l'est chez les fabricants de sucre, chez les distillateurs et chez tous les individus dont les professions sont régies par le mode de l'exercice; que c'est à l'Etat à aviser au mode de perception qui lui semblera le plus convenable, comme ce sera aux fabricants qui voudront ne pas être assujettis à l'exercice, à déclarer s'ils entendent faire ou ne pas faire usage de la faculté d'importer les bestiaux étrangers dans les conditions qui leur seront imposées; et nous terminerons ce chapitre par cette simple réflexion générale, qui, nous le croyons, sera aussi parfaitement appréciée par tous les hommes éclairés que par les économistes rationnels, à savoir que si l'Etat trouve juste d'imposer des charges à la nation pour pouvoir accorder des primes d'exportation à quelques industries particulières, telles qu'à la pêche de la morue, à celle de la baleine et des draubauwcks, à l'industrie sucrière, il serait bien plus juste encore d'accorder aux fabricants de Conserves alimentaires, la faculté d'importer en transit les bestiaux étrangers dont ils ont besoin pour leurs exportations, à charge par eux de payer les droits sur les quantités qui ne seraient pas exportées.

Certes cette tolérance ne pourrait, dans aucun cas, être considérée comme une faveur, mais elle devrait bien plutôt être considérée comme un progrès en matière d'économie politique ; car, aux producteurs agricoles, s'ils élevaient quelques plaintes, l'administration pourrait répondre, avec toute la puissance de la vérité : Vous ne produisez pas assez pour suffire aux besoins de la consommation à des prix modérés ; donc, dans l'intérêt des masses, nous devons faciliter l'importation, dont au reste le principe est déjà écrit dans la loi ; et le seul droit que vous pourriez avoir serait de solliciter un dégrèvement d'impôt égal aux droits perçus sur les bestiaux étrangers livrés à la consommation intérieure.

Dans tous les cas, nous ne cesserons de le répéter, un essai pratiqué sur une grande échelle, et d'après ces principes, pendant une ou plusieurs années, n'est pas de nature à porter la perturbation parmi les classes productives : tandis qu'au contraire, il est de nature à faire connaître s'il est enfin possible d'améliorer le sort des masses populaires, question qui intéresse en général la société toute entière, et en particulier l'industrie manufacturière, la propriété vinicole, la marine, l'armée, les classes ouvrières et l'administration qui doit toujours craindre les perturbations qui pourraient résulter d'une disette possible, alors que, même en temps de paix et dans les circonstances les plus favorables, l'équilibre est cependant rompu entre le prix des salaires des ouvriers et le prix des aliments reconnus indispensables à leur nutrition.

Ici se termine notre tâche. Nous avons cru devoir signaler à l'administration ce que nous croyons être possible dans l'intérêt de la société, à propos d'une question qui préoccupe anxieusement tous les hommes amis de leur pays; il reste à démontrer la possibilité de faire sans frais pour l'Etat, l'essai que nous proposons ; et pour arriver à cette démonstration, nous consacrerons notre dernier chapitre à la description d'un Etablissement qui semble avoir été installé uniquement dans le but de fournir la possibilité de faire cette grande expérience.

CHAPITRE VII.

De l'Etablissement de Conserves alimentaires créé par M. Joseph Colin, continué et considérablement amélioré par Jules Bonhomme-Colin, son gendre.

Cet Etablissement se compose de quatre usines distinctes.

La première, sise à Nantes, rue des Salorges, est le centre général de toutes les opérations : dans cette usine se trouvent accumulés les plus beaux et les plus riches appareils nécessaires à une grande industrie.

Deux machines à vapeur distribuent dans tous les récipients une quantité de vapeur suffisante pour cuire cinquante mille kilogrammes de Conserves par jour ; et, en même temps, elles font également fonctionner divers appareils tous disposés avec une intelligence et un esprit d'ordre qu'on ne saurait trop admirer ; tous les arts utiles à cette industrie spéciale y sont représentés et divisés en autant d'ateliers distincts : ainsi, on y trouve l'atelier du mécanicien, tourneur de métaux et fabricant de rouages ; ceux du ferblantier, du menuisier, du forgeron, du charpentier, du maçon et du fabricant de suifs, et tous les autres accessoires utiles, de telle sorte que tous les objets nécessaires à la fabrication des Conserves alimentaires se trouvent réunis et confectionnés dans l'usine même.

En outre, un immense gazomètre, servant aussi à souder les boîtes, porte la lumière dans toutes les parties de l'Etablissement, ce qui permet d'utiliser fructueusement nombre de produits précédemment sans valeur, ou du moins d'une valeur excessivement minime.

La succursale de Chantenay est un établissement nouveau, situé à quelques pas de Nantes, et en dehors des limites de l'octroi. Elle est spécialement destinée à former un abattoir, et, en outre, à recevoir de nouveaux appareils uniquement consacrés à la cuisson des viandes de boucherie, d'après de nouveaux procédés de M. J. BONHOMME-COLIN, lesquels, comme nous l'avons dit plus haut, lui permettent de cuire de vingt-cinq à trente bœufs dans l'espace d'environ quinze minutes, avec une dépense en combustible de quarante à soixante centimes au plus par bœuf.

Le choix de cette succursale a été déterminé par des motifs d'économie de la plus haute importance, et qui se résument ainsi :

1.º Économiser tous les droits d'octroi sur toutes les Conserves destinées à l'exportation ;

2.° Sur les houilles destinées à servir de combustible;

3.° Sur le prix de tous les transports, par suite de la proximité de la Loire; et autres économies sur les frais généraux dont le détail serait trop long.

La succursale du Croisic, département de la Loire-Inférieure, est uniquement destinée à la fabrication des Conserves de poisson, par suite de l'abondance des sardines sur cette côte.

Il en est de même de la succursale du Kernevel, située auprès de Lorient, en face du Port-Louis, où l'abondance de la pêche de la sardine et de toute espèce de poissons propres à la fabrication des Conserves alimentaires, a dans tous les temps été proverbiale.

Enfin, ces deux dernières succursales, du Croisic et du Kernevel, sont susceptibles d'être disposées comme celles de Nantes et de Chantenay, pour y fabriquer avec économie les Conserves alimentaires des viandes de boucherie et de gibier de toute espèce.

Mais si cette notion, suffisante d'ailleurs pour établir sa position matérielle de l'Etablissement JOSEPH COLIN l'arrêtait ici, il y aurait une lacune dans ce Mémoire, en ce que nous n'aurions pas justifié l'assertion y émise, que le commerce des Conserves alimentaires en France n'est pas d'une importance moindre que le chiffre de trente à quarante millions par année.

A défaut de documents statistiques, qui ne pourraient être fournis que par tous les fabricants réunis, la vérification des registres de l'Établissement JOSEPH

Colin, fournira au moins une preuve approximative que le chiffre que nous avons indiqué ne peut être une fiction.

Les bénéfices, nets de tous frais généralement quelconques, faits par cet Établissement pendant trois années, ont été :

En 1839, de 317,756 fr. 76.
En 1840, de 436,855   65.
Et en 1841, de 494,576   00.

Ainsi, si un seul Établissement a pu atteindre un pareil chiffre de bénéfices nets, malgré les chances d'infériorité qui grèvent cette industrie, par suite du prix élevé des bestiaux en France, que serait-ce donc si l'importation des bestiaux étrangers nécessaires à cette industrie, était autorisée en transit, sous la seule condition de payer le droit sur les seules parties des viandes ainsi importées, qui seraient livrées à la consommation ? Et n'est-on pas fondé à dire que cette fabrication pourrait facilement doubler et même tripler la masse de ses produits, au grand avantage du peuple, de la marine et de l'armée ?

NOMENCLATURE

DES

CONSERVES ALIMENTAIRES

GARANTIES

DE JOSEPH COLIN,

9, rue des Salorges, Nantes.

Agneau *rôti*.
   d.° *truffé*.
Alose *entière, à l'huile*.
   d.°   d.° *à l'oseille, au bleu*.
   d.° *tranche à l'huile, au bleu, à l'oseille*.
Alouettes *truffées*.
Andouillettes.
     d.°   *truffées*.
Anguilles *en matelotte, à l'huile, à la tartare*.
Artichauts *entiers, fonds*.
   d.°   *farcis et truffés*.
Asperges *entières, pointes*.

Bécasses.
 d.º *truffées.*
Beccassines.
 d.º *truffées.*
Beurre *frais.*
Bœuf *bouilli, aux carottes nouvelles.*
 d.º d.º *garni de choux bricolis à l'anglaise*
 d.º *rôti.*
 d.º *en daube.*
 d.º *à l'écarlate.*
 d.º *en hachis.*
Bouillon gras.
 d.º *en tablettes.*
Brochet *entier au beurre, à l'huile.*
Cailles *aux truffes.*
Canard *de Toulouse truffé.*
 d.º *aux petits pois, aux navets, sauvage*
Cardons *au jus.*
Carottes.
Carpe *entière, truffée.*
 d.º d.º *au bleu.*
Céleri *au jus.*
Cèpes *à l'huile, au saindoux, à la Bordelaise.*
Cervelas.
Boudins *blancs et noirs.*
 d.º d.º d.º *truffés.*
Cervelas *truffés.*
Champignons *accommodés au naturel et au beurre.*
Chapon *aux truffes.*
Chevrettes *ou Salicoques de mer, à l'huile, au beurre.*
Chicorée.

Choucroute *garnie, pure.*
Choux *au beurre, au jus, purs.*
Choux-fleurs *naturels, à l'huile et au saindoux.*
Civet *de lièvre.*
Cochléaria.
Cochon de lait, *entier, truffé.*
Concombres.
Coq de Bruyère, *truffé.*
Côtelettes *de veau.*
    d.°   *de mouton.*
    d.°   *de porc frais.*
    d.°   *de sanglier.*
Crème.
Crêtes de coqs.
    d.°   d.° *et ris de veau.*
Cuisses et ailes de volaille *au jus.*
Cuisses *de dinde, de canard, d'oie.*
Dinde.
  d.° *truffée.*
Dorade *à l'huile, au beurre.*
Ecrevisses.
Epinards.
Essence de persil.
Faisan *de Bohême, truffé.* Faisan *truffé.*
Fèves *accommodées.*
  d.° *vertes de marais.*
Filet de bœuf.
Filets *de chevreuil.*
  d.° *de cochon.*
  d.° *de sanglier.*
Fraise de veau.

Filets de turbot.
d.° mignons.
d.° de soles.
d.° de maquereaux.
Foie d'oie de Strasbourg, entier.
d.° d.° d.° d.° truffé.
d.° de canard de Toulouse, entier.
d.° d.° d.° ntier, truffé.
d.° de veau, entier.
Fricandeau au jus.
Fricassée de grenouilles, de poulet.
Fromage de pâte grasse.
d.° de Gruyère.
d.° de Roquefort.
d.° d'Italie.
Galantine de dinde, de cochon.
Les mêmes, truffées.
Gelée de viande.
d.° de volaille.
Gelinotte truffée.
Godiveau.
Graisse à pâtisserie.
Gras-Double.
Grives aux truffes.
Grondin entier, au beurre
d.° à l'huile.
Homard à l'huile, au beurre.
Huîtres.
Hure de cochon.
d.° d.° truffée.
d.° de sanglier, truffée.

Hure de saumon   d.°
   d.°   d.°   à l'huile, au beurre.
Jambon.
   d.°   truffé.
Jambonneau de Reims.
Julienne.
Ketchup et sauces anglaises.
Lait doux.
Laitues au beurre, au jus.
Lamproie aux oignons, aux poireaux et au vinaigre.
Langue de bœuf.
   d.°   d.° fourrée.
   d.°   de cochon fourrée.
   d.°   de mouton.   d.°
Lard bouilli et aux choux.
   d.° rôti.
Lièvre entier.
   d.°   d.° truffé.
   d.°   cul piqué.
Lubine entière, au beurre, à l'huile.
Macédoine de légumes.
   d.°   de viande.
Maquereaux entiers, à l'huile.
Morue au beurre, à la Provençale.
Marrons rôtis.
Moëlle de bœuf.
Mouton braisé, rôti.
Mûriers.
Oie de Strasbourg, entière et truffée.
Oie.
   d.° aux truffes.

Oronges *au naturel.*
Ortolans *truffés.*
Oseille.
Palais *de bœuf.*
Pâté *d'alouettes, sans truffes.*
   d.º *d'anguilles*   d.º
   d.º *de bécasses*   d.º
   d.º *de bécassines*   d.º
   d.º *de cailles*   d.º
   d.º *de carpe*   d.º
   d.º *de jambon*   d.º
   d.º *de homard*   d.º
   d.º *de lièvre*   d.º
   d.º *de perdreaux.*   d.º
   d.º *de pluviers dorés*   d.º
   d.º *de saumon*   d.º
Les mêmes truffés.
Paté *de sardines.*
   d.º *de veau, sans truffes.*
   d.º   d.º   *truffé.*
   d.º *de foies d'oies de Strasbourg, truffé.*
   d.º   d.º *de canard de Toulouse,* d.º
   d.º *d'Angoulême, en terrine.*
   d.º *de Nérac,*   d.º
   d.º *de Périgueux,*   d.º
   d.º *de Ruffec,*   d.º
   d.º *de Toulouse; en croûte ou en terrine.*
   d.º *de Strasbourg.*
   d.º *de faisan.*
   d.º *de lapereau.*
   d.º *de levraut*

Paté de mauviettes.
Petits Pois accommodés.
    d.°   à l'anglaise.
    d.°   au jambon.
    d.°   au jus.
    d.°   au saindoux.
Perdrix sans truffes.
   d.° truffées, aux choux, aux olives.
Pieds de cochon truffés.
 d.° de mouton, de veau.
Pintade truffée.
Pluviers dorés, truffés.
Potages à la Reine.
    d.°   au riz.
Poularde.
    d.°   truffée.
Poulet.
    d.°   truffé.
Rillettes de Tours.
Ris de Veau.
   d.°   d.°   aux champignons.
   d.°   d.°   à la chicorée.
   d.°   d.°   aux petits pois.
   d.°   d.°   à l'oseille.
   d.°   d.°   aux asperges.
Rognons de bœuf, de mouton.
Rougets à l'huile.
Saindoux épuré.
Salmis d'alouettes
   d.°   de bécasses.
   d.°   de faisan.

Salmis *de lièvre*.

   d.º   *de perdreaux*.

   d.º   *de sarcelles*.

Sardines *au beurre, crues, à l'huile et au saindoux*.

Saucisses *sans truffes*.

   d.º   *truffées*.

   d.º   *de Brunswich*.

Saucisson *truffé*.

   d.º   *sans truffes*.

   d.º   *d'Arles et de Lyon*.

Saumon *entier, truffé*.

   d.º   d.º   *sans truffes au beurre, au bleu, à l'huile*.

   d.º   *tranche au beurre, au bleu, à l'huile*.

Tendons de veau *à la poulette*.

Tête de veau.

   d.º   d.º   *à la tortue*.

Thon *mariné*.

Tomates.

Tortue.

Truffes *pures, en bouteille*.

Turbot *au beurre, à l'huile*.

Veau *rôti*.

   d.º   *braisé ou en carbonnade*.

   d.º   *à l'oseille*.

   d.º   *aux petits pois*.

   d.º   *aux pointes d'asperges*.

   d.º   *à la chicorée*.

   d.º   *rouelle*.

Vol-au-vent.

FRUITS FRAIS.

Abricots *entiers*.
   d.° *en quartiers*.
Ananas.
Brugnons.
Cerises.
Coings *entiers*
   d.° *en quartiers*.
Fraises.
Framboises.
Groseilles.
Mûres.
Passe-musquée.
Pêches *entières*.
   d.° *en quartiers*.
Poires *entières*.
   d.° *en quartiers*.
Pommes *entières*.
   d.° *en quartiers*
Prunes *impériales*.
Prunes *Mirabelles*.
   d.° *Reine-Claudes*.
Suc *de fraises*.
   d.° *de cerises*.
   d.° *de framboises*.
   d.° *de groseilles*.
   d.° *de mûres*.

FRUITS SECS.

Dragées et bonbons *assortis*.
Figues *de Smyrne*.
Figues *de Marseille*.
Poires *tapées*.
Prunes *de Bordeaux*.
  d.º *de Tours*.
  d.º *fourrées*.
Raisins *de Malaga*.
  d.º *de Smyrne*.

Beefteck
Beurre *d'anchois et de truffes*.

Achars et confits *au vinaigre*.
  d.º *de l'Inde*.
Haricots *verts*.
Salsifis.

Anchois *au sel*.
  d.º *à l'huile*.
Chocolat *surfin*.
Confitures *assorties, sèches et liquides*.
Fruits *à l'eau-de-vie, assortis*.

Guignolet *d'Angers*.
Huile *d'olive surfine*.
Liqueurs *surfines*, *assorties*
Moutardes *assorties*.
Olives *farcies*.
d.° *à la saumure*.
Sirops *assortis*.
Vin de Château-Margaux

GARANTIE. Toute boîte convexe ou bombée des deux côtés est douteuse; rapportée pleine et intacte, elle sera remplacée ou remboursée.

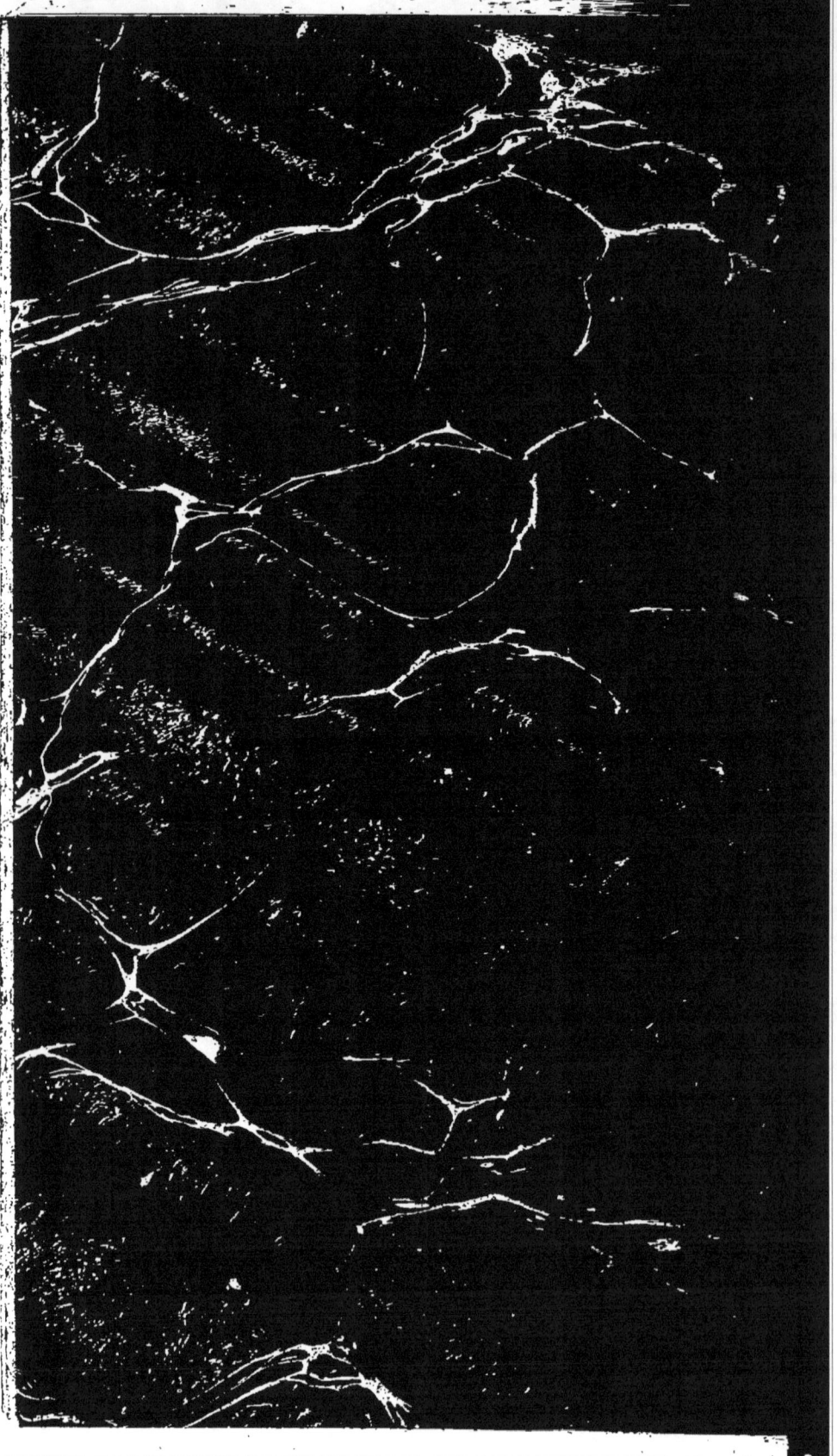

www.ingramcontent.com/pod-product-compliance
Lightning Source LLC
LaVergne TN
LVHW050639090426
835512LV00007B/930